동시로 생각하고
수필로 이해하고
문제로 논술하는

로로로 초등 수학

4학년

감수 김판수 (부산교육대학교 수학교육과 교수)
글 윤병무 | 그림 이철형

국수

단원 개요

수학 교과서의 단원별 열쇠 말을 의문형 문장으로 짧게 써 놓았어요. 독자의 궁금증을 이끌어 내기 위함이에요. 자발적 배움은 궁금함에서 시작되니까요.

수학 동시

동시로 수학을 배워요. 이야기가 있는 수학 동시를 읽으면서 독자는 단원의 핵심 개념을 느끼고 생각하면서 자연스레 배울 수 있어요. 이야기의 힘이에요. 동시와 어울린 그림 또한 마음에 스미게 해 주어요.

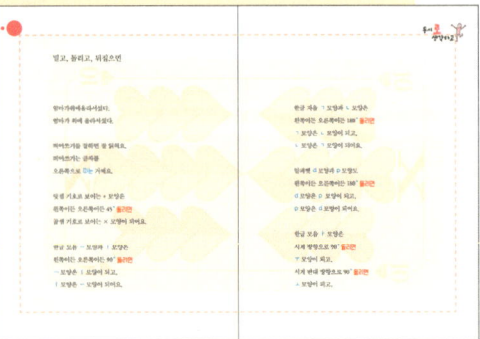

이 책의 구성

수학 수필

수학 지식을 수필로 풀어냈어요. 논설문이 아니라 저자의 경험과 생각으로 쓴 수학 수필이에요. 그럼에도 독자는 읽어 내야 이해할 수 있어요. 이 책의 수필은 지식이 쌓이고 마음이 살지는 글이에요.

논술 문제

정답을 요구하는 문제가 아니에요. 독자의 자유로운 생각을 이끌어 내는 서술형 문제예요. 자신의 생각을 분명하게 써 보는 게 중요해요. 생각은 글로 나타낼 때 깊어지고 넓어져요.

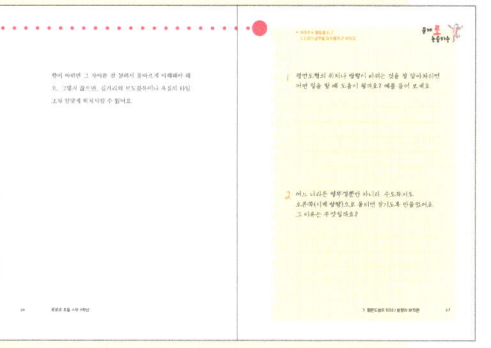

감수의 말
수학과 문학이 만나면

김판수 초등 수학 교과서 집필 책임자(2015 개정)
부산교육대학교 수학교육과 교수

　수학과 동시가 만났습니다. 수학과 수필이 만났습니다. 수학과 문학이 만난 겁니다. 그래서 그 둘은 마치 깐깐한 각도기와 수줍은 진달래꽃이 만난 것처럼 왠지 어색할 것 같습니다. 딱딱한 수식(數式)과 아름다운 문장이 만난 것입니다. 분명한 사실과 자유로운 상상이 만난 것입니다. 차가운 이성과 따뜻한 감성이 만난 것입니다. 또 그래서 그 둘 사이의 거리는 멀어만 보이고, 가까이 마주하고 있다고 해도 서로 서먹서먹한 관계로만 보일 것 같았습니다. 그런데 제가 '로로로 초등 수학' 시리즈를 감수해 달라는 요청을 받고, 호기심에 원고들을 읽으면서 발견한 것이 있습니다. 그것은 수학과 시에 상당한 공통점이 있다는 것입니다. 그것을 발견했을 때의 짜릿한 놀라움을 저는 감출 수 없었습니다.

제가 발견한 수학과 시의 공통점은 세 가지입니다. 군더더기 없이 간결하다는 것(간결성), 추상적이면서도 구체적이라는 것(상징성), 감각적인 사고력으로 이루어져 있다는 것(직관력)이 그것입니다. 그러자 저는 '로로로 초등 수학'에 매료되었습니다. 이 시리즈에 실린 동시들이 수학의 모습과 많이 닮았기 때문입니다. 오래전에 저는 어떤 수학자가 쓴 시를 읽은 적이 있습니다. 지금 기억하기로, 그 시는 수학을 그저 압축한 언어로 바꾸어 놓은 것에 불과하여 당시 저는 별다른 매력을 못 느꼈습니다. 그러나 '로로로 초등 수학'에 실릴 동시와 수필의 원고들을 읽고는 적잖은 감명을 받았습니다.

이제 책으로 나온 '로로로 초등 수학'에 실린 동시들은 수학의 개념들을 그 테두리 안에 가두지 않고 더 넓게 상상하도록 독자를 도와주고 있습니다. 초등학교 1학년 수학 교과서의 한 단원에서는 사물의 '길이'를 나타내는 개념을 가르칩니다. 그런데 이 책의 시리즈에 실린 동시들 중에서, 『로로로 초등 수학 1학년』에 수록된 작품 「김비교 학생의 일기」는 그 '사물의 길이'를 '시간의 길이'까지 확장하여 어린이 독자의 생활 경험에 수학의 개념이 맞닿게끔 그 의미를 활짝 열어 놓았습니다

(수학 교과서에서는 '시간의 길고 짧음'은 가르치지 않습니다). 따라서 이 동시는 수학의 개념어가 교과서 바깥의 일상생활에서 어떻게 사용되는지를 잘 보여줍니다.

'로로로 초등 수학' 시리즈의 또 다른 매력은, 각각의 동시들이 수학을 마치 아름답게 빛나는 별과 같이 그려내고 있다는 점입니다. 시는 보통 그 특성인 간결함 때문에 편하게 읽어 내기가 쉽지 않다고들 말합니다. 하지만 이 시리즈의 동시들은 친절하게도 우리 어린이들의 눈높이에 맞추어 수학 개념을 재미있고 신비롭게 표현하고 있습니다. 우리 어린이들이 좋아하기에 충분합니다. 누구나 자기가 좋아하는 것을 자주 생각하기 마련입니다. 따라서 "동시로 생각하고"라는 이 시리즈 부제목의 첫 말처럼, 우리의 어린 독자들이 자연스레 '동시로써 수학의 개념을 생각할 수 있게끔' 이 시리즈는 이끌어 주고 있습니다.

수학은 가장 인기 없는 과목입니다만, 수학을 가르치지 않는 나라는 없습니다. 왜일까요? 수학은 과학, 기술, 산업의 기초이기에 꼭 필요하기 때문입니다. 또 눈에 보이지는 않지만,

수학은 어느 나라 사람이든 의사소통을 정확하고 논리적으로 할 수 있게끔 생각과 말을 펼쳐 주기 때문입니다. 따라서 수학은 한 나라의 산업뿐만 아니라, 개개인의 전문성을 기르기 위해 꼭 필요한 '생각하는 힘'을 길러 주는 도구입니다.

하지만 어느 나라 학생들이든 수학만큼은 배우기 힘들어 합니다. 수학의 언어는 세계 공통어이지만, 동시에 어느 나라에서든 아주 딱딱하고 낯선 언어로 느끼기 때문입니다. 그런 점에서 '로로로 초등 수학' 시리즈는 수학의 언어를 문학의 언어로 통역해 주고 있습니다. 그것도 구연동화처럼 실감 나게 말입니다. 그래서 수학을 어려워하는 우리나라 어린이들이 이 책을 읽으면, 수학이 재밌는 과목이 되리라 생각합니다.

세상에는 두 가지 언어가 있다고 합니다. 하나는 우리말이나 영어 같은 소리글자이고, 다른 하나는 한자나 히브리어와 같은 뜻글자라고 합니다. 저는 우리 아이들이 꼭 배워야 할 것은 또 다른 두 가지라고 생각합니다. 하나는 국어이며 다른 하나는 수학입니다. 교과서이든 일반 도서이든, 과학을 담고 있는 책을 읽고 이해하기 위해서는 우리말과 수학을 모두 잘 알고 있어야만 합니다. 까칠한 수학을 아름답고 생생한 문체로 탈바꿈시킨 '로로로 초등 수학'의 동시와 수필은 이 두 가지를 융합적으로 배우게 합니다. 일석이조입니다.

2019년 추분 오후에,
김판수 씀

감수의 말 수학과 문학이 만나면 • 9
머리말 수학이라는 고구마 • 16

① **'큰 수'를 꼭 알아야 하는 이유** • 21
큰 수

② **'각'으로 이루어진 세상** • 37
각도

③ **평면도형의 위치나 방향이 바뀌면** • 53
평면도형의 이동

④ **막대 길이로 알려 주는 그래프** • 69
막대그래프

⑤ **앞을 알면 뒤도 알 수 있는 것** • 83
규칙 찾기

⑥ **이름이 다섯 개나 있는 도형** • 99
삼각형

⑦ **세상에서 가장 흔한 평면도형** • 115
사각형

⑧ **시간에 따라 변한 크기를 보여주는 그래프** • 131
꺾은선그래프

⑨ **보이는 다각형과 안 보이는 대각선** • 145
다각형

찾아보기 • 160

머리말
수학이라는 고구마

『로로로 초등 과학』 시리즈에 이어, 이번에는 수학 시리즈입니다. 문학으로써, 이제껏 없었던 초등 융합 교육서를 쓰기 시작한 날부터 소걸음으로 매일매일 그 길을 가다 보니, 어느새 목적지의 절반은 지나는 듯합니다. 그사이 '과학'이라는 고갯길을 넘고 보니, '수학'이라는 태산이 맞이해 주었습니다. 수학의 굽이굽이 산길에서는 청춘이라는 배낭을 메고 참 잘 웃는 그림 작가를 만나 해를 넘어 길동무하였습니다. 맑고 밝은 이철형 화가는 길목마다 자기 마음을 닮은 꽃들을 피워 이 수학 시리즈를 화려하고 곱게 만들어 주었습니다. 참 고맙습니다.

고백하자면, 문학으로 수학을 말하는 일은 과학을 문학으로 말하기보다 어려웠습니다. 여러 날 애써도 수학 동시가 써지지 않으면, 이를테면 평면도형에 관한 동시를 써야 할 때면, 뭐 재밌는 게 놓여 있을까 싶어 길바닥만 보고 걸었던 꼬마 때처럼, 그 소재를 찾으려고 출퇴근길에 주변을 두리번거리기도 했습니다. 그런 날일수록, (자신을 꾸짖는 것이기도 했습니다만) '왜 수학은 동시가 되기 힘든 걸까?' 하고 생각했습니다. 그러다가 다시 생각해 보니, 나무에 빗대어 말하면, '과학은 줄기이고, 수학은 뿌리이기 때문이지 않을까?' 하는 생각에 닿았습니다. 과학은 시대에 따라 진실이 변하기도 하여 그 지식이 바뀌기도 하는 반면에, 수학은 3천 년 전이나 지금이나 틀림없는 진리이니 말입니다.

그래서 문학으로 수학을 말하는 일이 더 조심스러웠나 봅니다. 수학의 규칙이 분명하고 엄격하니, 동시와 수필의 성격이 자유롭더라도 자칫 수학의 사실을 그릇되게 이야기하면 어쩌나 싶었습니다. 그래도 갈 길은 가야 해서, 제 나름으로는 길 가장자리에 바짝 붙어서 걷듯 수학이 허용하는 정도를 가늠하여 조심스레 창작했습니다. 그 후, 다행히 이 수학 시리즈의 감수를 맡아 주신 김판수 교수님의 감수 말씀을 편지로 전달 받고 나서 안심할 수 있었습니다. 시리즈 전체 원고를 꼼꼼히 읽으시고, 격려와 칭찬과 기대의 말씀을 전해 주신 김판수 교수님께서는 현행(2015 개정) 초등 수학 교과서의 집필 책임자이셔서, 저자인 저는 그제야 마음을 놓을 수 있었습니다. 물론, 교과 단계를 넘나들거나 무리한 표현을 지적해 주신 감수 내용은 모두 받아들이고 수정하여 초등 수학 교육 기준에 맞추었습니다. 이 시리즈의 완성도를 높여 주신 김판수 교수님께 감사 드립니다.

앞서 출간된 『로로로 초등 과학』 시리즈와 마찬가지로 이 수학 시리즈도 초등 수학 교과서의 단원 순서에 맞추어 썼습니다. 다만 아시다시피, 초등 수학 교과서는 덧셈, 뺄셈, 곱셈, 나눗셈의 연산 단원은 학기별, 학년별로 어려움의 정도를 높여 반복하여 익히도록 가르치고 있습니다. 하지만, 『로로로 초등 수학』 시리즈는 문제 풀이를 위한 익힘 학습서가 아니기에 '덧셈, 뺄셈, 곱셈, 나눗셈'은 그 개념들을 중심으로 딱 한 번씩만 다루었습니다. 그래야 이 로로로 시리즈의 성격을 분명히 하는 것이라고 믿었기 때문입니다. 개념은 그 원리를 알아차리고 이해하는 것이 중요하고, 문제 풀이는 자꾸 반복해야 잘 익힐 수 있으니, 익힘은 따로 준비하시기 바랍니다.

　수학 시리즈의 편집 구성도 『로로로 초등 과학』 시리즈와 같습니다. 시리즈의 부제목이 그것을 말해 주고 있습니다. 따라서, 그야말로 '동시로 생각하고, 수필로 이해하고, 문제로 논술하는' 것이 이 시리즈 각 장의 구성입니다. 그중 단원 끝에 내놓은 서술형 두 문제는 정답을 목적 삼지 않아서, 독자 스스로가 생각한 것을 자유롭게 쓰면 됩니다. 그것으로 충분한 의미가 있다고 저는 믿습니다. 생각은 자유로울수록 멀리 가고 오래 가기 때문입니다. 밭이 넓고 걸수록 넝쿨 줄기도 멀리 뻗어 나가고 그 뿌리도 굵게 여뭅니다. 밭에 정성 들인 농부가 땅속에서 자란 고구마를 다발째 수확하듯, 모쪼록 독자 여러분도 수학의 보랏빛 뿌리를 줄줄이 만나시기 바랍니다.

2019년 10월 첫날에
저자 윤병무

1
'큰 수'를 꼭 알아야 하는 이유

몇 자리 수부터 '큰 수'라고 할까요?
'큰 수'는 주로 어느 경우에 쓰일까요?
왜 '큰 수'를 읽을 수 있어야 하고,
그 수의 크기도 이해해야 할까요?
수들의 단위와 그 크기를 비교해 보면서,
우리가 평소에 쓰는 큰 수에 관하여
알아보아요.

큰 수

0의 위력

1,000에
0 하나가 더 붙었다고
1,000×10만큼 큰 수가 되니
은행나무 한 그루에서 여문 열매가 **만** 개쯤 될까?

10,000에
0 하나가 더 붙었다고
10,000×10만큼 더 큰 수가 되니
버드나무 한 그루에서 돋은 잎은 **십만** 개쯤 될까?

100,000에
0 하나가 더 붙었다고
100,000×10만큼 더 큰 수가 되니
벚나무 한 그루에서 핀 꽃잎이 **백만** 개쯤 될까?

1,000,000에

0 하나가 더 붙었다고

1,000,000×10만큼 더 큰 수가 되니

가을 지리산을 물들인 단풍나무는 천만 그루쯤 될까?

10,000,000에

0 하나가 더 붙었다고

10,000,000×10만큼 더 큰 수가 되니

설악산 곳곳의 바윗돌이 억 개쯤 될까?

100,000,000에

0 넷이 더 붙었다고

100,000,000×10,000만큼 더 큰 수가 되니

남해를 지나는 멸치 떼는 조 마리쯤 될까?

1,000,000,000,000에

0 **넷**이 더 붙었다고

1,000,000,000,000×10,000만큼 더 큰 수가 되니

겨울 금강에 내리는 함박눈이 **경** 개쯤 될까?

10,000,000,000,000,000에

0 **넷**이 더 붙었다고

10,000,000,000,000,000×10,000만큼 더 큰 수가 되니

내가 아플 때 안쓰러워하시는 엄마의 사랑은 **해** 원쯤 될까?

어떤 큰 수에 상상이 더해지면

0 **백 개**가 붙어서 가장 큰 수라는 **구골**보다

더 큰 수도 생각할 수 있으니

수의 크기에는 끝이 없다.

'네 자리 수' 다음 수는 '다섯 자리 수'예요. 네 자리 수는 1,000부터 9,999까지이고, 다섯 자리 수는 10,000부터 99,999까지이에요. 여섯 자리 수도 있겠죠? 그다음으로 큰 수는 일곱 자리 수일 테고요. 이렇게 수의 크기는 자릿수가 하나씩 커질수록 10을 곱한 만큼씩 더 커져요. 10,000은 1,000×10의 수이고, 100,000은 10,000×10의 수이니까요.

그런데 왜 수학 교과서에서는 10,000부터 시작하는 '다섯 자리 수'부터 큰 수라고 할까요? '천'까지는 '수 모형'으로 나타낼 수 있지만, '만'은 '수 모형'으로 나타내기 어렵기 때문이지 않을까요? 그리고, 학교 운동장에 1,000명이 모여 있다는 말을 들으면, 듣는 사람은 그 인원을 대략 머릿속으로 떠올릴 수 있어요. 하지만 10,000명이 같은 운동장에 모여 있다는 얘기를 들으면, 듣는 사람은 그 많은 사람이 얼마큼이나 빼곡하게 운동장을 채우고 있을지를 어림잡아 헤아리기가 쉽지 않아요. 이렇게 '수천'보다는 '수만'이 어림잡기가 쉽지 않아서 다섯 자리 수인 10,000부터는 '큰 수'라고 일컫는 게 아닐까요?

10,000명이 운동장에 모여 있다고 하면, 많은 사람이 얼마큼이나 빼곡하게 운동장을 채우고 있을지를 어림잡아 헤아리기가 쉽지 않아요.

　그럼, 큰 수는 우리 생활에서 어느 때 사용할까요? 어느 날 대형 마트에서 장보기를 많이 해도 대개는 상품의 개수나 분량은 큰 수가 아니에요. 2L(리터)짜리 생수 10통을 산다 해도 그 용량은 모두 20L일 따름이에요. 또 100장씩 묶어 포장된 슬라이스 치즈의 무게는 대개 1,800g인데 그 1,800이라는 수도 네 자리 수예요. 그러니 그 수들의 크기는 어떤 자동차 가격(원)을 나타내는 여덟 자리 수 18,000,000에 비하면 $\frac{1}{10000}$밖에 안 되어요.

　이처럼 우리가 평소에 가장 자주 접하게 되는 '큰 수'는 주로 화폐(돈)가 아닐까요? 할아버지께서 주신 세뱃돈 10,000원도 큰 수이고, 이모가 산 노트북 가격 900,000원도 큰 수이고, 엄마가 산 에어컨 가격 1,500,000원도 큰 수이고, 아빠가 은행에서 빌린 30,000,000원도 큰 수예요. 또 200,000,000원이 넘는 집값은 더 큰 수이고, 어느 대기업이 벌어들인다는 3조원은 그 자릿수를 가늠하기 어려울 만큼 훨씬 더 큰 수예요. 이처럼 큰 수는 자릿수가 많아요. 그런데, 자릿수가 많으면 많을수록 수의 크기는 한눈에 잘 안 들어와요. 그래서 사람들은 흔히 '세 자리 수'마다 쉼표(,)를 표시하곤 해요. 1000000000보다 1,000,000,000이 읽기 더 편하기 때문이에요. 이렇게, 큰 수를 써서 표시하는 방법은 서양에서 시작되었어요. 그리고 큰 수를 읽을 때는 우리나라를 포함한 동양에서는 '네 자리 수'마다 끊어서 '10,000' 단위로 읽어요.

화폐에 나타난 수뿐만 아니라, 큰 세계에 있는 수량이나 아주 넓은 공간의 거리를 수로 나타낼 때도 '큰 수'를 사용할 수밖에 없어요. 이를테면, 70억 명이 넘는 세계 인구는 수량을 나타내는 수이고요, 대략 1억 5천만 킬로미터나 되어 빛의 속도로도 8분 20초가량 걸린다는, 지구에서 태양까지의 거리도 큰 수로써만 나타낼 수 있어요. 또 그 빛의 속도로 무려 1억 년이나 걸린다는, 즉 지

구와의 거리가 1억 광년(光年)이라는 까마득한 별들도 적지 않으니 그 거리를 킬로미터로 바꿔서 나타내려면 계산하기 어려울 만큼 큰 수가 필요해요. 빛은 진공 상태에서 1초 동안 30만 킬로미터를 뻗어 나간다니까요.

 미국의 화폐 단위인 달러($)나, 일본의 화폐 단위인 엔(¥)에 비해 우리나라 화폐 단위인 원(₩)은 비교적 '큰 수'로 이루어져 있어요. 2019년 8월 7일 기준으로, 1달러의 값어치는 우리 돈 1,215원과 같고, 1엔의 값어치는 우리 돈 11원과 같으니까요. 그래서 1,000달러의 '1,000'은 큰 수가 아니지만, 그것과 같은 값어치인 1,215,000원의 '1,215,000'은 큰 수예요. 또, 1,000엔의 '1,000'은 큰 수가 아니지만, 그것과 같은 값어치인 11,000원의 '11,000'은 큰 수예요. 따라서 우리가 평소에 불편하지 않고, 낭패를 겪지 않으려면 어떤 '큰 수'라도 잘 읽어 낼 수 있어야 하고, 그 수의 크기도 잘 이해해야 해요.

빛의 속도로 무려 그 1억 년이나 걸린다는, 즉 지구와의 거리가 1억 광년(光年)이라는 까마득한 별들도 적지 않으니 그 거리를 킬로미터로 바꿔서 나타내려면 계산하기 어려울 만큼 큰 수가 필요해요.

그럼, 큰 수의 단위들을 작은 자릿수부터 나열해 볼까요? 만(萬), 십만, 백만, 천만, 억(億), 십억, 백억, 천억, 조(兆), 십조, 백조, 천조, 경(京), 십경, 백경, 천경, 해(垓), 십해, 백해, 천해……가 큰 수의 단위들이에요. 해(垓)의 단위보다 더 큰 수의 단위는 앞선 수에 10,000을 곱한 값과 똑같은 크기이에요. 즉 '자, 양, 구, 간, 정, 재, 극, 항하사, 아승기, 나유타, 불가사의, 무량대수'가 그것이에요. 하지만, 이렇게 어마어마하게 큰 수의 단위는 현실에서는 쓸 일이 없어서 거의 사용하지 않아요. 그런

데도 오래전부터 사람들이 이렇게 '큰 수'의 단위를 정해 놓은 것은 수학에서 '수의 크기'는 끝이 없기 때문이에요. 사람의 상상력이 끝이 없는 것처럼 말이에요.

• 아래의 두 물음을 읽고
  스스로의 생각을 자유롭게 써 보아요.

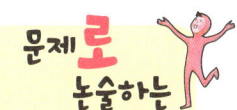

1. 앞서 얘기했듯이, 1광년(光年)은 빛이 1년 동안 뻗어 나가는 거리예요. 빛은 진공 상태에서 1초 동안 30만 킬로미터를 뻗어 나가요. 그럼, 1억 광년(光年)을 '킬로미터' 단위로 바꾸어 큰 수로 나타내어 보아요.

2. 오늘날까지 수의 단위로 정해진 가장 큰 수는 구골(googol)이에요. '구골'은 10×10×10×10×10×10······을 모두 백 번 해야 하는 엄청난 크기의 수예요. 그럼, 우리가 현실에서 가늠할 수 있는 것 중에서 그 수가 구골만큼 되는 것은 무엇일까요? 앞의 동시를 참고하여 응답해 보세요.

2
'각'으로 이루어진 세상

'각'은 무엇일까요?
각의 크기를 무엇이라고 부를까요?
각의 크기에 따라 각을 어떻게 분류할까요?
여러 모양의 삼각형을 어떤 기준으로
분류할까요? 사각형 안쪽 각의 크기의
합은 몇 도일까요?
'각'과 '각도'에 관하여 알아보아요.

각도

올림픽에 나타난 여러 각

4년마다 열리는 올림픽 시즌이면
올림픽 경기장마다 모두가 바빠요.
경기장마다 여러 각이 필요해서
직각, 예각, 둔각, 평각 들도 바빠져요.

직각은 경기장을 만드느라 가장 바빴어요.
야구, 축구, 농구, 배구, 배드민턴 경기장도,
수영, 태권도, 유도, 복싱, 펜싱 경기장도
사각형 테두리의 각이 모두 직각이니까요.

예각은 개막식과 폐막식에 화려하게 나타나요.
한 점에서 폭발해 사방팔방으로 뻗어 나가는
불꽃놀이 빛줄기마다 예각들이 생겨나요.
또 멋진 무대를 비추는 여러 조명도
제각각 예각 불빛을 쏘아 주어요.

둔각은 주로 선수들과 함께 나타나요.
양궁 선수가 당긴 활시위가 둔각이고요,
높게 차올린 태권도 선수의 다리도 둔각이에요.
물살을 제치는 조정 선수의 노 젓기도 둔각이고요,
허리도 못 펴고 달리는 하키 선수가
손에 꼭 쥔 스틱 모양도 둔각이에요.

평각은 주로 직선을 사용하는 경기장에 있어요.
허들 경기와 높이뛰기 경기의 장애물도 평각이고요,
100m 달리기의 경주로도 평각이에요.
경기 장애물과 경주로가 직선이 아니면
선수들에게 공평하지 않으니까요.

체조 선수들은 어떤 각 모양을 할까요?
평행봉 선수는 직각 모양을 잘하지만
체조는 몸으로 그림 그리는 힘과 율동이어서

한 동작에도 **직각**, **예각**, **둔각**, **평각**이 다 있어요.
그것이 체조를 아름다운 종목이라고 부르는
수학적 이유가 아닐까요?

　우리 주변에는 여러 각을 이룬 사물들이 있어요. 책상, 의자, 컴퓨터, 칠판, 사물함, 창틀, 출입문, 공책은 물론이고 연필, 지우개에도 각이 있어요. 둥글지 않은 반듯한 모양의 꼭짓점에서 갈라지는 부분에 각이 생기기 때문이에요. '각'은 무엇일까요? 한자로는 뿔 각(角)이라고 쓰는 각(角)은 한 점(꼭짓점)에서 그은 두 반직선으로 이루어진 도형이에요. 그 꼭짓점이 뿔처럼 뾰족한 모양이어서 각(角)이라고 이름 붙였나 보아요.

　그런데 동물의 뿔 모양도 여러 가지이듯, 각들도 변이 이룬 각의 벌어진 정도가 여러 가지예요. 한옥의 기와지붕처럼 각이 크게 벌어진 경우도 있고요, 교회의 첨탑처

럼 각이 작게 벌어져 뾰족해 보이는 경우도 있어요. 이렇게 각마다 벌어진 크기가 다른데, 그 크기, 즉 '각의 크기'를 각도라고 해요. '각 크기의 정도'가 각도인 거예요. 그리고 각도를 나타내는 단위에는 1°부터 180°까지 있어요. 평각은 180°이고, 평각의 $\frac{1}{180}$이 1°이에요. 읽을 때는 1도라고 읽고, 쓸 때는 1°라고 써요.

그래서 각도는 1°부터 180°까지 180개나 되지만, 각은 직각인 90°를 기준으로 각의 크기에 따라 세 가지로 분류되어요. 첫째는 '직각'이에요. 직각은 두 반직선이 만나

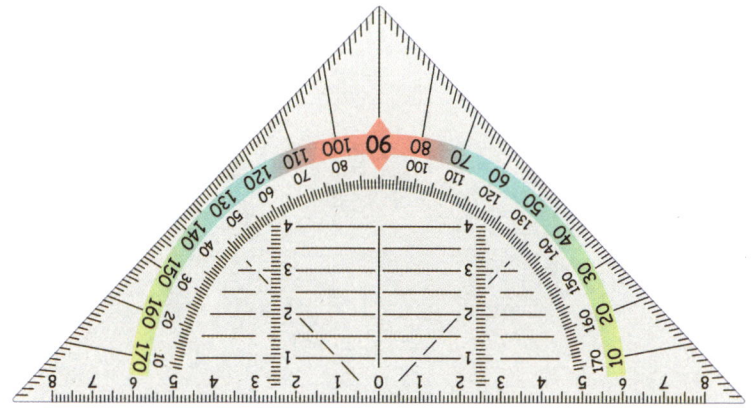

각마다 벌어진 크기가 다른데, 그 크기, 즉 '각의 크기'를 각도라고 해요. '각 크기의 정도'가 각도인 거예요.

2 '각'으로 이루어진 세상

서 이루는 90°의 각이에요. 그래서 직각은 고딕체로 쓴 ㄱ자 모양이에요.

둘째는 '예각'이에요. 예각은 각의 크기가 0°보다 크고 직각(90°)보다 작은 각이에요. 따라서 예각은 비교적 뾰족해요. 예각은 한자로 읽으면 이해하기 쉬워요. 한자로는 날카로울 예(銳), 뿔 각(角)이거든요. '예민하다'는 말의 '예'자와 같아요.

동물의 뿔 모양도 여러 가지이듯, 각들도 변이 이룬 각의 벌어진 정도가 여러 가지예요.

셋째는 '둔각'이에요. 둔각은 각의 크기가 직각(90°)보다 크고 180°보다 작은 각이에요. 따라서 둔각은 비교적 뾰족하지 않아요. 둔각도 한자로 읽으면 이해하기 쉬워요. 한자로는 무딜 둔(鈍), 뿔 각(角)이거든요. 감각이 좀 무딘 경우를 '둔감하다'고 말하는데 이때의 '둔'자와 같아요.

그럼 이렇게 각의 크기에 따라 분류된 직각, 예각, 둔각은 어떤 모양에서 잘 나타날까요? 모자이크 그림을 떠올려 보세요. 모자이크 그림은 각양각색의 도형으로 이루어진 그림이에요. 모자이크 그림에는 삼각형과 사각형이 많아요. 그리고 삼각형과 사각형은 그것이 어떤 모양이든 모두 앞서 분류한 세 가지 각, 즉 직각, 예각, 둔각으로 이루어져 있어요.

그런데 놀랍고 신기한 일은, 어떤 모양의 삼각형이든 모든 삼각형은 그 모양을 이루는 '안쪽 각'의 합이 180°

라는 사실이에요. 삼각형의 안쪽에는 3개의 각이 있어요. 그 세 각에는 각각의 크기가 있어요. 그 각들을 모두 더하면 어떤 삼각형이든 딱 180°이에요. 그래서 모든 삼각형은 안쪽의 두 각의 크기를 알면 나머지 한 각의 크기를 알 수 있어요. 이를테면, 한 각의 크기가 직각(90°)이고, 또 다른 한 각의 크기가 60°라면, 나머지 한 각의 크기는 각도기로 재지 않아도 틀림없이 30°이에요. 180°−90°−60°=30°이니까요.

그래서 삼각형은 각의 크기에 따라 세 가지로 분류할 수 있어요. 하나는 '직각삼각형'이고, 다른 하나는 '예각삼각형'이고, 또 다른 하나는 '둔각삼각형'이에요. 직각삼각형은 세 각 중에서 한 각이 직각인 삼각형이에요. 예각삼각형은 세 각이 모두 예각인 삼각형이에요. 둔각삼각형은 세 각 중에서 한 각이 둔각인 삼각형이에요.

삼각형을 또 다른 방법으로 분류할 수도 있어요. 그때

는 삼각형의 '변의 길이'가 기준이 되어요. 그 기준에 따라 분류하면, 하나는 '이등변삼각형'이고, 다른 하나는 '정삼각형'이에요. 이등변삼각형은 두 변의 길이가 같은 삼각형이에요. 정삼각형은 세 변의 길이가 같은 삼각형이에요.

그런데 사각형의 각에도 신기한 일이 있어요. 그것은 삼각형 안쪽 각의 합이 180°이듯, 사각형 안쪽 각의 합은 360°라는 사실이에요. 어떤 모양의 사각형이든 모든 사각형의 안쪽 각의 합은 360°이에요. 그래서 모든 사각형은 그 모양을 이룬 세 각의 크기를 알면 나머지 한 각의 크기를 알 수 있어요. 이를테면, 세 각의 크기가 각각 90°, 80°, 70°라면 나머지 한 각의 크기는 120°이에요. 360°−90°−80°−70°=120°이니까요.

평각은 어떤 각일까요? 평각은 직각이 곧게 펴진 상태의 각이에요. 직각은 90°이고, 그 90°가 곧게 펴지려면 90°를 더해야 해요. 즉, 평각의 각도는 90°+90°여서 180°이에요. 180°는 평평해요. 따라서 평각은 이름에는 각(角)이 있지만 실제로는 뾰족한 곳이 없어요. 마치 화창한 날 해변에서 보이는 수평선처럼 말이에요. 수평선처럼 때때로 우리의 마음도 평각이면 좋겠어요. 혹은 우리 마음이 완만한 산 같은 둔각이어도 좋겠어요. 날이 갈수록 사람들의 마음이 각박해져서 자주 가파른 절벽처럼 예각일 때가 많으니까요.

• 아래의 두 물음을 읽고
  스스로의 생각을 자유롭게 써 보아요.

1. 오각형의 안쪽 각의 합은 몇 도일까요? 이유와 함께 응답해 보세요.

2. 우리가 각도를 이해하고 있어야 하는 이유는 무엇일까요? 각도를 이해하지 못하면 어떤 불편한 일이 생길까요? 예를 들어 보세요.

3
평면도형의 위치나 방향이 바뀌면

평면도형을 한쪽으로 밀면 어떤 변화가 생길까요?
평면도형을 어느 한 방향으로 돌리면
그 도형의 모양도 바뀔까요?
평면도형을 뒤집으면
그 도형은 어떻게 보일까요?
평면도형을 밀거나, 돌리거나, 뒤집으면
어떻게 바뀌는지 알아보아요.

평면도형의 이동

밀고, 돌리고, 뒤집으면

엄마가위에올라서셨다.
엄마가 위에 올라서셨다.

띄어쓰기를 잘하면 잘 읽혀요.
띄어쓰기는 글자를
오른쪽으로 미는 거예요.

덧셈 기호로 보이는 + 모양은
왼쪽이든 오른쪽이든 45° 돌리면
곱셈 기호로 보이는 × 모양이 되어요.

한글 모음 ― 모양과 | 모양은
왼쪽이든 오른쪽이든 90° 돌리면
― 모양은 | 모양이 되고,
| 모양은 ― 모양이 되어요.

한글 자음 ㄱ 모양과 ㄴ 모양은
왼쪽이든 오른쪽이든 180° 돌리면
ㄱ 모양은 ㄴ 모양이 되고,
ㄴ 모양은 ㄱ 모양이 되어요.

알파벳 d 모양과 p 모양도
왼쪽이든 오른쪽이든 180° 돌리면
d 모양은 p 모양이 되고,
p 모양은 d 모양이 되어요.

한글 모음 ㅏ 모양은
시계 방향으로 90° 돌리면
ㅜ 모양이 되고,
시계 반대 방향으로 90° 돌리면
ㅗ 모양이 되고,

양쪽 어디로든 180° **돌리면**
ㅓ 모양이 되어요.

각진 평면도형 □ 모양은
왼쪽이든 오른쪽이든 45° **돌리면**
◇ 모양이 되지만,

모서리 없는 평면도형 ○ 모양은
어느 쪽으로 **돌려도**
제 모양이 바뀌지 않아요.

문 모양을 아래쪽으로 **뒤집어서**
다시 오른쪽으로 **뒤집으면**
곰 모양이 되고,
곰 모양을 위쪽으로 **뒤집어서**
다시 오른쪽으로 **뒤집으면**

문 모양이 되어요.

닫힌 문을 여는 힘은 사랑이에요.

♡은
위쪽이든 아래쪽이든 뒤집으면
고요히 빛나는 💧이 되어요.

평면도형에는 여러 모양이 있어요. △ 모양인 '삼각형'도 있고, ☐ 모양인 '사각형'도 있고, ○ 모양인 '원'도 있어요. 또, '사랑'을 뜻하는 ♡ 모양도 있고, '우정'을 뜻하는 ♣ 모양도 있고, '별'을 뜻하는 ☆ 모양도 있어요. 문자에도 여러 모양이 있어요. 한글 자음에는 ㄱ 모양도 있고, ㄴ 모양도 있어요. 알파벳에는 d 모양도 있고, p 모양도 있어요. 이처럼 평면도형과 문자의 모양은 다 세기 어려울 만큼 무척 많아요.

그런데 원을 제외한 평면도형이나 문자 모양은 원래의 모양을 뒤집거나 돌리면, 원래 모양과 크기는 변하지 않지만, 모양의 방향이 돌린 쪽으로 바뀌어요. 정사각형인 □ 모양을 원래의 모양에서 왼쪽이든 오른쪽이든 45°를 돌리면 ◇ 모양이 되어요. 또 앞의 동시에서처럼, + 모양도 원래의 모양에서 왼쪽이든 오른쪽이든 45°를 돌리면 x 모양이 되어요. 또 한글 자음인 ㄱ 모양이나 ㄴ 모양은 원래의 모양에서 왼쪽이든 오른쪽이든 180° 돌리면 ㄱ 모양은 ㄴ 모양이 되고, ㄴ 모양은 ㄱ 모양이 되어요. 알파벳 중에서도 문자 모양을 돌리면 다른 문자 모양으로 보이는 것도 있어요. 예를 들면, 알파벳 d 모양과 p 모양은 원래의 모양에서 왼쪽이든 오른쪽이든 180° 돌리면 d 모양은 p 모양이 되고, p 모양은 d 모양이 되어요.

이때 '밀다, 돌리다, 뒤집다'라는 말뜻을 잘 알고 있어야 도형 모양이나 문자 모양의 '방향 변화'를 잘 이해할 수 있어요. 참고로 '밀다, 돌리다, 뒤집다'라는 말들의 품사는 모두 '동사'예요. 동사(動詞)의 한자는 움직일 동(動), 말씀 사(詞)예요. 말 그대로, 동사는 사물의 움직임을 나타내는 품사예요.

첫째로, '밀다'의 말뜻을 확인해 보아요. '밀다'의 말뜻은 '한 방향으로 움직이도록 반대쪽에서 힘을 준다.'예요. 그래서 평면도형을 한 방향으로 밀면 도형의 모양은 변하지 않지만, 도형의 놓인 위치는 바뀌어요.

둘째로, '돌리다'의 말뜻은 '물체가 한 축을 중심으로 원을 그리면서 움직이게 하다.'예요. 그래서 평면도형을

평면도형을 한 방향으로 돌리면 도형의 모양과 크기는 변하지 않지만, 도형의 방향이 돌린 쪽으로 바뀌어요.

한 방향으로 돌리면 도형의 모양과 크기는 변하지 않지만, 도형의 방향이 돌린 쪽으로 바뀌어요.

셋째로, '뒤집다'의 말뜻은 평면도형에서는 '위쪽이 아래쪽으로 되게 하고, 아래쪽이 위쪽으로 되게 하다.'예요. 또는 '왼쪽이 오른쪽으로 되게 하고, 오른쪽이 왼쪽으로 되게 하다.'도 같은 말뜻이에요. 그래서 평면도형을

'뒤집다'의 말뜻은 평면도형에서는 '위쪽이 아래쪽으로 되게 하고, 아래쪽이 위쪽으로 되게 하다.'예요.

3 평면도형의 위치나 방향이 바뀌면

평면도형을 '돌리는' 정도는 '각도'로 나타낼 수 있지만, 도형을 '돌릴' 때는 각도에 앞서 '방향'이 우선되어요.

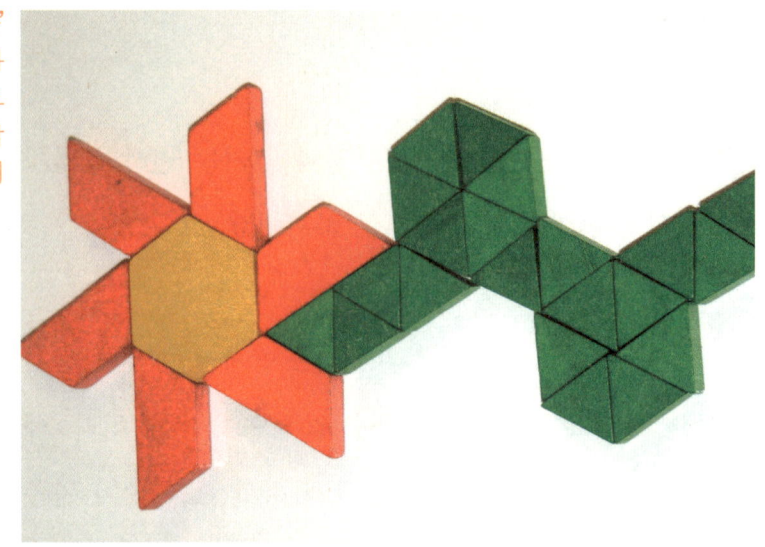

==한 방향으로 **뒤집으면** 도형의 모양과 크기는 변하지 않지만 도형의 방향이 정반대로 바뀌어요.==

그런데 평면도형을 '돌리는' 정도는 '각도'로 나타낼 수 있지만, ==도형을 '돌릴' 때는 각도에 앞서 **'방향'**이 우선되어요.== '**왼쪽, 오른쪽, 위쪽, 아래쪽, 시계 방향, 시계 반대 방향**'이라는 말들이 그것이에요. 이때 '시계 방향'은 '오른쪽'과 같은 뜻이기도 하고, '시계 반대 방향'은 '왼쪽'과 같은 뜻이기도 해요. 이를테면, '병뚜껑을 오른쪽으로 돌리면 닫히고, 왼쪽으로 돌리면 열린다.'라는 말은

어떤 도형이 위치가 바뀌거나 방향이 바뀌면 그 차이를 잘 살펴서 올바르게 이해해야 해요. 그렇지 않으면, 길거리의 보도블록이나 욕실의 타일조차 알맞게 위치시킬 수 없어요.

'병뚜껑을 시계 방향으로 돌리면 닫히고, 시계 반대 방향으로 돌리면 열린다.'라는 말과 같은 뜻이에요.

거듭 강조하면, 평면도형을 밀거나, 돌리거나, 뒤집으면, 그 도형의 위치나 보이는 방향이 바뀌어요. 그 '바뀜'을 알아차리는 것은 수학의 기본이에요. 수학은 '수량'뿐만 아니라 '공간'을 탐구하는 학문이기 때문이에요. 공간에 관한 이해는 건축물을 설계할 때도 필요하고, 지도를 볼 때도 필요하고, 이삿짐을 옮길 때도 필요하고, 주차할 때도 필요해요. 그러니 어떤 도형이 위치가 바뀌거나 방향이 바뀌면 그 차이를 잘 살펴서 올바르게 이해해야 해요. 그렇지 않으면, 길거리의 보도블록이나 욕실의 타일조차 알맞게 위치시킬 수 없어요.

• 아래의 두 물음을 읽고
  스스로의 생각을 자유롭게 써 보아요.

1. 평면도형의 위치나 방향이 바뀌는 것을 잘 알아차리면 어떤 일을 할 때 도움이 될까요? 예를 들어 보세요.

2. 어느 나라든 병뚜껑뿐만 아니라, 수도꼭지도 오른쪽(시계 방향)으로 돌리면 잠기도록 만들었어요. 그 이유는 무엇일까요?

4
막대 길이로 알려 주는 그래프

막대그래프를 그리는 이유는 무엇일까요?
막대그래프를 그릴 때는 어떤 조건을 갖추어야
할까요? 무언가를 조사할 때
주의해야 할 점은 무엇일까요?
이런 것들을 고려하면서
막대그래프에 관하여 알아보아요.

막대그래프

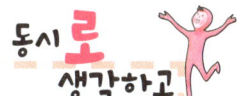

피노키오의 코

피노키오가 거짓말을 할 때마다
막대 모양의 코가 길어졌어요.
그 코의 길이가 짧거나 길어서
피노키오 코는 막대그래프예요.

피노키오의 목수 아빠가
피노키오의 동생들도 여럿 만들었다면,
그래서 요정이 똑같은 주문을 걸었다면 어땠을까요?
피노키오와 동생들은 서로의
길거나 짧은 막대그래프 코를 바라보며
무슨 생각을 하게 되었을까요?

우리 가족도 때때로
피노키오의 막대그래프를 하나씩 그려요.
아빠는 엄마 앞에서 막대그래프를 그려요.

금연하겠다는 약속을 열 번도 넘게 했지만
앞으로도 같은 다짐을 몇 번 더 할지 몰라요.

엄마도 저의 어린 동생 앞에서 때때로
하얀 거짓말로 **막대그래프**를 그려요.
제 동생이 늦은 밤인데도 안 잘 때면
엄마는 낮은 목소리로 동생에게 말해요.
"망태 할아버지가 안 자는 애들만 잡아간대."

저의 동생도 때때로
피노키오의 **막대그래프**를 그려요.
가족 중 누군가의 생일을 축하하고
조금 남겨 둔 초코 케이크를
동생이 몰래 먹고도 안 먹었다고 잡아떼요.

사실은 저도 때때로

피노키오의 **막대그래프**를 그려요.
숙제를 안 하고도 숙제가 없다고 하거나
몰래 게임을 하고도 시치미 떼곤 하거든요.

이렇게 눈에는 안 보이지만
마음으로 보면 훤히 보이는
피노키오의 **막대그래프**가 있어요.

우리 가족 네 사람이 한방에 누워
각자의 피노키오 코를 세운다면
누구의 **막대그래프**가 가장 높을까요?

'막대그래프'는 무엇일까요? 막대그래프는 여럿을 대상으로 조사한 수량을 각각 비교하여 막대 모양의 도형으로 나타낸 그래프예요. 그래서 여럿의 대상을 조사하여 그려 놓은 막대그래프의 모양은 조사한 수량들의 많고 적음에 따라 막대 모양마다 높이가 달라서, 마치 세로 길이가 제각각인 책들이 꽂힌 책꽂이를 정면에서 보는 것 같아요.

막대그래프를 그리는 이유는 무엇일까요? 표를 그려서 조사한 수량을 칸마다 써넣어도 각각의 수량을 알 수 있는데 말이에요. 막대그래프를 그리는 이유는 조사한 수량을 한눈에 알아보게끔 비교하는 데 적당하기 때문이에요. 다시 말해, '막대그래프'는 '표'에 비해 한눈에 알아보기가 쉬워요. 표는 조사한 대상들에 나타난 수량을 숫자로 정확하게 표시할 수 있는 장점은 있지만, 조사한 대상들의 수량을 금방 알아차리게 비교할 때는 그래프보다는 불편해요.

그런데 막대그래프를 그리려면 먼저 두 가지 조건을 갖추어야 해요. 첫 번째 조건은 '조사할 내용이 있어야 한다.'라는 거예요. 앞의 동시로 예를 들면, 그것은 '거짓말'이에요. 동시 속의 가족 모두가 거짓말을 했으니까요. 그런데 거짓말을 하는 일은 옳지 않지만, 앞의 동시 속의 엄마처럼 '하얀 거짓말'을 할 때도 있어요. 그리고 대개는 나를 보호하려고 거짓말을 하게 되어서, 태어나서 거짓말을 한 번도 하지 않은 사람은 없을 거예요.

막대그래프를 그리려면 두 번째 조건도 필요해요. 두 번째 조건은 '비교할 대상이 있어야 한다.'라는 거예요.

그 대상은 최소한 둘은 있어야 해요. 앞의 동시에서는 가족 네 사람이 조사 대상이었어요. 이 두 가지 조건을 갖추면, 조사한 수량을 막대그래프로 나타낼 수 있어요. 그리고 ==막대그래프를 그리려면 막대그래프의 가로와 세로에 각각 무엇을 적을지를 정해야 해요.== 앞의 동시로 예를 들면, 가로에 '아빠, 엄마, 동생, 나', 이렇게 네 사람을 각각의 칸에 맞춰 적을 수 있어요. 또, 세로에는 거짓말을 한 횟수를 똑같은 간격의 눈금 칸에 맞춰 적으면 되어요. (세로와 가로의 내용을 반대로 적어도 되어요) 그러

막대그래프를 그리는 이유는 조사한 수량을 한눈에 알아보게끔 비교하는 데 적당하기 때문이에요.

고 나서, 조사한 횟수에 알맞게 막대 모양의 그래프를 그리면 되어요.

그런데 무엇이든 조사를 할 때는 주의해야 해요. 자칫 조사를 잘못하면 엉뚱한 결과가 나오기 때문이에요. 이를테면, 여름날 운동장에서 수업한 체육 시간 끝 무렵에 학생들을 대상으로 자기가 좋아하는 간식이 무엇인지를 묻는다면, 그 결과는 평소와는 다르게 나타날 가능성이 있어요. 그 체육 시간 끝에 학생들에게 초콜릿, 쿠키, 사탕, 과일, 피자, 아이스크림 중에서 자기가 가장 좋아하는 간식을 하나만 고르라고 했다고 가정해 보아요. 그때 학생들이 가장 많이 선택한 간식은 아이스크림일 거예요. 학생들은 덥고 갈증이 난 상태일 테니까요.

또 다른 예를 들어볼까요? 인천국제공항 입국장에서, 여러 날 동안 해외여행을 마치고 방금 귀국한 사람들에게 어떤 음식을 좋아하는지를 묻는다면, 그 조사에 응답

하는 사람들은 아마도 한식을 선택할 가능성이 커요. 며칠 동안 먹지 못했던 한국 음식을 그리워하는 사람들이 많을 테니까요. 이처럼 어떤 결과를 알아내고 비교하기 위하여 조사할 때는 먼저 공정한 조건을 갖추어야 해요. 그래야 막대그래프에 나타난 모양도 잘못된 결과가 아닐 테니까요. 따라서, 결과를 나타내는 방법도 중요하지만 조사하는 방법도 중요한 거예요.

• 아래의 두 물음을 읽고
  스스로의 생각을 자유롭게 써 보아요.

1. 막대그래프는 가로로 그리는 경우보다 세로로 그리는 경우가 더 많아요. 왜 그럴까요?

2. 어떤 경우의 조사는 막대그래프로는 나타내기 어려울 거예요. 어떤 경우가 그럴까요?

5 앞을 알면 뒤도 알 수 있는 것

달력에 배열된 숫자에는 어떤 규칙이 있을까요?
고층 빌딩의 승강기 버튼은 어떤 규칙으로
배열되어 있을까요?
곳곳에서 경험하는 '규칙'을 우리는
어떻게 알아차릴까요?
우리가 자주 경험하는 규칙들의
앞뒤 관계에 관하여 알아보아요.

규칙 찾기

우리 아빠의 규칙

아빠는 공휴일에도 일하실 때가 많아요.
한 달의 절반은 저녁에 출근하세요.
밤에 나흘 일하시고 이틀 쉬시고,
낮에 나흘 일하시고 이틀 쉬시거든요.

그래서 우리 집 달력에는 날짜마다
주간 근무, 휴무, 야간 근무의
앞 글자만 떼어 적혀 있어요.

주주주주 휴휴 야야야야 휴휴
주주주주 휴휴 야야야야 휴휴
주주주주 휴휴 야야야야 휴휴

이렇게 말이에요.
그래서 저는 달력 뒷장을 안 보아도

다음번 아빠의 일정이
주주주주 휴휴인 것을 알고 있어요.

주주주주 휴휴일 때면 아빠는
주주주주 중에서 넷째 날에는 퇴근 후
친구들과 술자리를 하고 귀가하세요.
그때마다 손에는 무언가가 들려 있어요.

저는 그것이 무엇인지 알아요.
치킨이거나 아이스크림이거든요.
아빠가 맥주를 마신 날엔 치킨이고요,
소주를 마신 날엔 아이스크림이에요.

귀갓길 아빠의 콧노래에 박자 맞추는
치킨이나 아이스크림은
아빠 마음속에 자리 잡은 규칙이지만,

매번 규칙을 움켜쥔 아빠의 손은
아빠만 외식해서 미안해하는 마음이에요.

　초등학교 수학 시간에 규칙 찾기를 가르치는 이유는 무엇일까요? 학생들에게 어떤 사물들이나 일들에 있는 규칙을 알아차리는 능력을 길러 주려는 것이에요. 세상에는 규칙적으로 이루어진 사물들이나 일들이 수없이 많으니까요. 전자계산기의 숫자 판이나 텔레비전의 리모컨 단추에도 규칙이 있고, 고속버스의 좌석 번호나 터미널의 승차장 번호에도 규칙이 있고, 도로명 주소나 우편 번호의 자릿수에도 규칙이 있어요. 이렇게 비교적 간단한 규칙들에서부터 컴퓨터 프로그램 같은 복잡한 규칙들까지, 하고많은 규칙들을 잘 알아차리려면 수의 배열이나 도형의 배열 등에 드러나 있거나 감추어진 규칙들을 알아내는 교육이 필요한 거예요.

그럼 수의 배열이든 도형의 배열이든, 어떤 규칙을 알아차리려면 어떻게 해야 할까요? 그것은 관찰에서 시작되어요. 어떤 수들이 일정한 간격에 따라 자리한 경우에, 그 '전후좌우의 관계를 잘 살피면' 그 수들이 어떤 규칙으로 배열되어 있는지를 알아낼 수 있어요. 이때 '전후좌우의 관계를 살피는 일'이 바로 '관찰'하는 태도예요. 바둑판 모양인 달력을 관찰해 보아요. 그 날짜들에는 가로

세상에는 규칙적으로 이루어진 사물들이나 일들이 수없이 많아요. 전자계산기의 숫자 판이나 텔레비전의 리모컨 단추에도 규칙이 있어요.

배열과 세로 배열뿐만 아니라, X자 사선의 배열에도 규칙이 있어요. 각각의 배열에 따라 날짜의 수들이 일정한 크기만큼씩 커지거나 작아지니까요.

도형의 경우도 마찬가지예요. 어떤 도형들이 일정한 변화에 따라 자리 잡은 경우에, 그 '변화의 관계를 잘 살피면' 그 도형들이 어떤 규칙으로 배열되어 있는지 알아낼 수 있어요. 이집트의 명물인 피라미드는 밑변이 사각형인 사각뿔 모양이에요. 피라미드가 사각뿔 모양이 된 이유는 차곡차곡 쌓아 놓은 여러 층마다 맨 바깥쪽의 육면체 돌덩이를 한 줄씩 줄여 놓아서 위로 갈수록 층마다 밑변의 크기를 규칙적으로 줄어들게 하였기 때문이에요. 피라미드의 그 규칙은 블록 레고를 쌓아 보면 쉽게 확인할 수 있어요.

우리가 일상생활에서 자주 경험하는 '규칙'에는 어떤 것들이 있을까요? 학교의 수업 시간에도 규칙이 있어요.

교시마다 40분 수업에 10분 휴식을 하니까요. 그래서 정각 9시에 1교시 수업을 시작하면 9시 40분에 1교시 수업이 끝나고, 9시 50분까지 휴식을 취해요. 그 휴식이 끝나는 시각인 9시 50분부터 다시 2교시 수업이 시작되는데, 그 수업은 40분 후인 10시 30분에 마쳐요. 이 규칙대로 계산해 보면, 우리는 4교시 수업이 12시 10분에 마친다는 것을 어렵지 않게 알아맞힐 수 있어요.

집 안에서도 우리는 여러 규칙을 발견할 수 있어요. 마룻바닥이든 장판 바닥이든 타일 바닥이든, 집 안의 바닥에는 어떤 모양의 규칙이 있어요. 벽지에도 대개는 반복하여 그려 놓은 어떤 모양이 있어요. 그 모양이 어떤 것인지 둘러보아요. 그뿐 아니라, 화장실이나 발코니에 붙여 놓은 타일들에도 어떤 규칙적인 모양이 있고, 벽면에 세워 두는 책장도 어떤 규칙에 따라 만들어졌어요. 아파트에 살고 있다면 창밖을 내다보아요. 앞 동이나 옆 동의 아파트에는 집마다 유리창의 모양이 어떤 규칙에 따집 안에서도 우리는 여러 규칙을 발견할 수 있어요. 벽지에도 대개는 반복하여 그려 놓은 어떤 모양의 규칙이 있어요.

라 만들어져 있어요. 아파트 외벽의 페인트 색깔도 어떤 규칙에 따라 칠해져 있고요.

또한 영화관에 가면 좌석마다 E11, F11, G11 등과 같이 알파벳과 숫자를 조합한 좌석 번호가 쓰여 있어요. 그 좌석 번호들은 규칙을 정해 매긴 것이에요. 이때 알파벳은 세로의 좌석 배열의 순서를 나타내고, 숫자는 가로의 좌석 배열의 순서를 나타내요. 그래서 앞쪽 자리에 앉고 싶으면 A나 B를 선택하고, 뒤쪽 자리에 앉고 싶으면 J

영화관에 가면 좌석마다 알파벳과 숫자를 조합한 좌석 번호가 쓰여 있어요. 그 좌석 번호들은 규칙을 정해 매긴 것이에요.

나 K를 선택하면 되어요. 그런데 앞쪽 자리는 90분 이상 영화를 보는 동안에 목이 아플 수 있다는 것을 참고해야 해요.

　열차의 번호에도 규칙이 있어요. 우선, 열차의 호수가 1호, 2호처럼 숫자의 크기가 작을수록 앞쪽에 있는 열차라는 뜻이에요. 그리고 좌석 번호가 홀수일 경우에는 창가 쪽의 좌석이고요, 짝수일 경우에는 복도 쪽의 좌석이에요. 그러니 창가 쪽에 앉고 싶으면 홀수를 선택하면 되어요. 이처럼 우리는 여러 규칙 속에서 생활하고 있어요. 우리 사회가 빠르게 변해서 간혹 어르신 중에는 여러 규칙을 잘 알아차리지 못하는 경우도 있어요. 그런 경우를 발견하면 도와 드려야 되지만, 수학으로 배울 수 있는 우리는 머리가 좀 아프더라도 '규칙 찾기'도 집중하여 배우고 익혀야겠어요.

• 아래의 두 물음을 읽고
  스스로의 생각을 자유롭게 써 보아요.

1. '숨은그림찾기' 할 때를 생각해 보아요. 비교적 쉽게 찾아지는 그림이 있고, 그렇지 않은 그림도 있어요. 쉽게 찾아지는 그림에는 어떤 규칙이 있을까요?

2. 생활 주변에서 나만 발견한 규칙이 있나요? 있다면, 그것은 무엇이고, 그것에는 어떤 규칙이 있나요?

6
이름이 다섯 개나 있는 도형

삼각형이 될 수 있는 조건은 무엇일까요?
삼각형에는 어떤 이름들이 있을까요?
그 이름들은 어떤 기준으로 지은 걸까요?
여러 도형 중에서 삼각형에만 있는
특징을 알아보고,
삼각형에 여러 이름이 붙은 이유와
그 기준에 관하여 알아보아요.

삼각형

태권 소녀의 일기

며칠 뒤에 태권도 승급 심사가 있다.
집에서도 열심히 품새 연습을 했다.
발차기를 잘하려고 다리 벌리기도 했다.
양발을 벽에 붙여 양다리를 벌렸다.
그 모양이 이등변삼각형이었다.

땀을 식히려고 창가에 섰다.
창밖에도 이등변삼각형이 많았다.
두 변이 같은 지붕들이 파도치고 있었다.
돛을 높이 올린 교회 첨탑은
가장 뾰족한 이등변삼각형이었다.

집 안에 있는 삼각형도 찾아보았다.

빨래 건조대에 **둔각삼각형**이 많이 걸려 있었다.
우리 집 옷걸이는 모두 **둔각삼각형**이다.

둔각삼각형은 우리 아빠 몸에도 있다.
배가 불룩한 아빠의 옆모습은
한 **각**이 150°쯤 되는 **둔각삼각형**을 닮았다.

예각삼각형도 찾아보았다.
생일 파티 때 머리에 쓰는 고깔모자도,
길쭉하게 자른 수박도 **예각삼각형**이고
다트 게임 판에는 **예각삼각형**이 빼곡하다.

엄마와 아빠와 내가
같은 간격으로 원탁에 둘러앉아 식사할 때
우리를 선분으로 이으면 **정삼각형**일 테다.

내 자전거에는 삼각형이 두 개 있다.
뒷바퀴에 연결된 삼각형은 그냥 삼각형이고
핸들에 연결된 삼각형은 **직각삼각형**이다.

생각해 보니 어제저녁에는
아파트 승강기에서도 **직각삼각형**을 보았다.
승강기에서 배달원이 철가방을 내려놓고는
차렷 자세로 벽면에 이마를 대고 있었다.
일이 힘든지, 두 눈을 꼭 감고 있었다.

　선분으로만 둘러싸인 도형 중에서 꼭짓점의 개수가 가장 적은 도형은 무엇일까요? 꼭짓점이 될 수 있는 점의 개수가 1개이면 '각'이 되어요. 꼭짓점이 될 수 있는 점의 개수가 2개이면 어떨까요? 그것은 꼭짓점 같아 보이는 점이 2개뿐인 반달 모양은 될 수 있어도 선분으로만 이루어진 도형은 될 수 없어요. 꼭짓점은 '두 변이 만나는 점'이니까요. 그럼 꼭짓점이 3개인 도형은 무엇일까요? 그것은 삼각형이에요. 그래서 선분으로만 둘러싸인 도형 중에서 꼭짓점의 개수가 가장 적은 도형은 '삼각형'이에요.

　그런데 삼각형의 꼭짓점 3개가 각각 어느 위치에 놓여

있느냐에 따라 삼각형의 모양은 제각각이에요. 처마에 매달린 고드름처럼 매우 길쭉한 모양도 있고요, 식탁에 올려놓은 탁상 달력의 옆모습 같은 모양도 있어요. 또는 마치 유리 조각들을 모아 놓은 것 같아 보이는 모자이크 그림을 보면 여러 모양의 삼각형들을 볼 수 있어요. 이처럼 도형으로서는 삼각형이어도 삼각형의 모양은 참 다양해요. 그런데도 삼각형을 이루는 조건들을 살펴보면, 모든 삼각형은 두 가지 기준으로 분류할 수 있어요.

첫 번째 기준은 '변의 길이에 따라 분류하는 것'이에요. 변은 '어떤 도형을 이루고 있는 선분'이에요. 그러니 어떤 모양의 삼각형이든 삼각형에는 변이 3개 있어요. 변의 길이는 제각각 달라도 말이에요. 그런데 삼각형의 변의 길이가 2개가 같은 경우도 있고, 3개 모두가 같은 경우도 있어요. 바로 그 두 경우에 따라 삼각형을 분류할 수 있어요.

　그 두 경우로 삼각형을 분류해 볼까요? 어떤 삼각형이 '두 변의 길이가 같으면' 그 삼각형을 이등변삼각형이라고 해요. 이등변(二等邊)이라는 앞 글자를 한자로 읽으면 그 뜻을 이해하기 쉬워요. 한자로 둘 이(二), 가지런할 등(等), 가장자리 변(邊)이거든요. 따라서 한자대로 뜻을 풀면, 이등변삼각형은 '두 변이 가지런한' 삼각형이에요.

　또, 어떤 삼각형이 '세 변의 길이가 같으면' 그 삼각형을 정삼각형이라고 해요. 그 앞 글자는 바를 정(正)자예요. 정삼각형은 어느 방향에서 보아도 세 변의 길이가 똑같아서 정삼각형이라고 이름 붙였나 보아요.

　삼각형을 구분하는 두 번째 기준은 '각의 크기에 따라 분류하는 것'이에요. 삼각형은 각이 3개 있는 도형이어서 이름이 삼각형이에요. 그런데, 삼각형을 이루는 세 각이 삼각형의 모양에 따라서 예각인 경우도 있고, 둔각인 경우도 있고, 직각인 경우도 있어요. 바로 그 세 경우에 따라서 삼각형을 분류할 수 있어요. (예각은 각의 크기가 0°보다 크고 90°보다 작은 각이에요. 둔각은 각의 크기가 90°보다 크고 180°보다 작은 각이에요. 직각은 각의 크기가 90°인 각이에요.)

그 세 경우로 삼각형을 분류해 볼까요? 어떤 삼각형의 '세 각이 모두 예각인 경우'에 그 삼각형을 예각삼각형이라고 해요. 예각(銳角)이라는 앞 글자를 한자로 읽으면

꼭짓점 같아 보이는 점이 2개뿐인 반달 모양은 될 수 있어도 선분으로만 이루어진 도형은 될 수 없어요.

그 뜻을 이해하기 쉬워요. 한자로 날카로울 예(銳), 뿔 각(角)이거든요. 따라서 예각삼각형의 모양은 세 각이 모두 뾰족한 편이에요.

또, 앞서 2장(「'각'으로 이루어진 세상」)에서 얘기했듯이, 어떤 삼각형의 '한 각이 둔각인 경우'에 그 삼각형을 둔각삼각형이라고 해요. 둔각(鈍角)이라는 앞 글자도 한자로 읽으면 그 뜻을 이해하기 쉬워요. 한자로 무딜 둔

마치 유리 조각들을 모아 놓은 것 같아 보이는 모자이크 그림을 보면 여러 모양의 삼각형들을 볼 수 있어요.

(鈍), 뿔 각(角)이거든요. 따라서 둔각삼각형의 모양은 세 각 중에서 한 각이 날카롭지 않고 뭉뚝한 편이에요.

그리고 어떤 삼각형의 '한 각이 직각인 경우'에 그 삼각형을 직각삼각형이라고 해요. 직각(直角)이라는 앞 글자도 한자로 읽으면 그 뜻을 이해하기 쉬워요. 한자로 곧을 직(直), 뿔 각(角)이거든요. 따라서 직각삼각형의 모양은 세 각 중에서 한 각이 마치 알파벳 L자처럼 90°이에요.

이처럼 삼각형은 '변의 길이'에 따라, 그리고 '각의 크기'에 따라 다섯 가지로 분류할 수 있어요. 앞서 알아본 이등변삼각형, 정삼각형, 예각삼각형, 둔각삼각형, 직각삼각형이 그것이에요. 그런데 어떤 삼각형은 이 중에 두 가지가 포함되어 있기도 해요. 이를테면 정삼각형은 이등변삼각형이자 예각삼각형이에요. 하지만 이등변삼각형은 정삼각형이 아닐 수 있어요. 그리고 둔각삼각형과

직각삼각형에도 예각이 있어요. 하지만 예각이 한두 개 있다고 해서 예각삼각형이라고 하면 안 되어요. 기준에 맞지 않기 때문이에요. 수학은 일컫는 말에 틀림이 없어야 해요. 수학은 명백한 말로 이루어진 학문이에요.

• 아래의 두 물음을 읽고
  스스로의 생각을 자유롭게 써 보아요.

1. 왜 '삼등변삼각형'이라는 이름은 없을까요?

2. 이등변삼각형일 수 있는 직각삼각형은 왜 정삼각형일 수는 없는 걸까요?

7
세상에서 가장 흔한 평면도형

사각형은 어떤 도형일까요?
사각형이 되려면 어떤 조건을 갖추어야 할까요?
사각형에는 어떤 모양들이 있고,
그 이름들은 무엇일까요?
우리 주변의 평면도형 중에서
가장 많이 눈에 띄는 사각형에 관하여
알아보아요.

사각형

도형 초등학교 친구들

도형 초등학교 우리 반 친구들은
모두 직선이에요.
그중 두 친구 ㅗ는 매일 아침
직각 길모퉁이에서 수직으로 만나요.
그때마다 두 친구는
서로에게 수선이 되어요.

또 다른 두 친구 =는 자주 다투어요.
토라진 두 친구 =는 평행선 철로처럼
나란히 떨어져 있어요.

그런 때마다 다른 두 친구 | |가 나서서
양쪽에서 어깨동무해 주어요.
그래서 네 친구는 사다리꼴이 되어요.
그래도 두 친구 =의 자존심은 평행해요.

두 쌍으로 나눈 네 친구 □은
마주 서서 평행한 사각형을 만들어요.
네 변이 평행해서
평행사변형이라고 이름 붙였어요.

트럼프 놀이를 하던 다른 네 친구 ◇가
각자의 팔 길이를 똑같이 해 보았어요.
그러자 네 변이 평행하고 길이도 똑같은
마름모가 되었어요.
트럼프의 다이아몬드 모양이 마름모예요.

단짝 두 친구 [ ]는 칠판 모양을 만들었어요.
서로 마주 보고 양팔을 직각으로 굽혀
친구의 양손을 잡아서 직사각형이 되었어요.
팔꿈치 네 곳이 모두 직각이어서
직사각형이 된 거예요.

우리 반 교실은 네 **변**의 길이가 같아요.
네 귀퉁이 모서리도 모두 **직각**이에요.
우리 반 친구들 모두가
교실 안 가장자리에 나란히 둘러섰어요.
그러고는 모두가 양손을 잡았어요.
한마음 한뜻으로 **정사각형**이 되었어요.

　세상에서 가장 흔한 평면도형은 무엇일까요? 삼각형일까요? 원일까요? 삼각형과 원도 눈에 많이 띄지만 그래도 사각형보다는 적지 않을까요? 주위를 둘러보아요. 책상도, 책도, 공책도, 컴퓨터와 TV 화면도, 냉장고도, 가구도, 출입문도, 창틀도, 천장도, 웬만한 사물들은 대개는 사각형으로 만들어져 있어요. 그 이유가 무엇일까요? 다른 모양의 도형보다 사각형이 더 쓸모 있고 만들기도 더 쉽기 때문일 거예요. 앞서 예를 든 책상, 책, 화면 등의 물건들을 삼각형이나 원으로 만들었다고 상상해 보아요. 사용하기도 불편하고, 만드는 일도 사각형보다 훨씬 힘들 테니까요.

그런데도 도형의 모양에 따라 '쓸모'가 많고 적음은 개인마다 느끼는 정도가 다를 테니, 쓸모에 대해서 말하는 일은 조심스러워요. 누군가는 출입문이나 침대 모양이 원의 모양이면 더 쓸모 있겠다고 생각할 수도 있을 테니까요. 그리고 실제로 원형으로 만든 책도 있고, 출입문도 있고, 침대도 있거든요. 하지만 책이나 출입문이나 침대를 원형으로 만들려면 그것들을 사각형으로 만드는 일보다 훨씬 어려워요. 제작하는 과정이 더 복잡할뿐더러,

주위를 둘러보아요. 책상도, 책도, 공책도, 컴퓨터와 TV 화면도, 냉장고도, 가구도, 출입문도, 창틀도, 천장도, 웬만한 사물들은 대개는 사각형으로 만들어져 있어요.

재료도 더 많이 쓰게 되어요. 이미 사각형으로 잘라 놓은 합판 목재로 삼각형이나 원형의 침대를 만들면 잘라서 버리는 부분이 사각형으로 만들 때보다 훨씬 많아지거든요. 그것은 사각형 종이를 가위로 오려 보면 쉽게 확인할 수 있어요.

그리고 사각형으로 물건을 만들면 삼각형이나 원형으로 만들 때보다 더 쉬워요. **변**의 길이나 **각**의 크기를 정

사각형으로 잘라 놓은 합판 목재로 가구를 만들면 잘라서 버리는 부분이 적어요.

하기가 더 쉽기 때문이에요. 각의 크기를 직각인 90°로 만드는 일은 각의 크기를 30°나 60°로 만드는 일보다 손쉬워요. 삼각자를 사용하여 직각선을 그으면 전후좌우가 딱 맞을 테니까요. 그래서 대개의 사각형 물건들은 네 각이 모두 직각(90°)인 직사각형이에요. 또한 직선으로 이루어진 사각형은 각이 없는 원보다 자르거나 이어 붙일 때 더 손쉬워요.

그러면 사각형은 무엇이고, 사각형이 될 수 있는 조건은 무엇일까요? 사각형은 4개의 선분에 둘러싸인 평면도형이에요. 그리고 사각형(四角形)이라는 한자 이름에서 알 수 있듯이, 사각형은 4개의 각(角)을 이루고 있는 모양이에요. 한자로는 넷 사(四), 뿔 각(角), 모양 형(形)이니까요. 그래서 사각형이 되려면 4개의 선분에 둘러싸인 모양이 4개의 각을 이루고 있어야 해요.

그런데, 사각형은 4개의 선분의 길이와 4개의 각의 크

기에 따라 각각의 이름들이 정해져요. 하나씩 살펴볼까요? 우선, 위의 조건을 이루는 사각형 중에서 **사다리꼴**은 **평행한 변이 한 쌍이라도 있는 사각형**이에요. 이때 **평행**이라는 말은 **서로 만나지 않는 두 직선**을 뜻해요. 그리고 그 직선을 **평행선**이라고 해요. '수직'은 무엇일까요? **수직**은 **두 직선이 만나서 이루는 각이 직각(90°)인 경우**예요. 그리고 두 직선이 서로 수직으로 만나면, 한 직선을 다른 직선에 대한 **수선**이라고 해요.

수직은 두 직선이 만나서 이루는 각이 직각(90°)인 경우예요. 그리고 두 직선이 서로 수직으로 만나면, 한 직선을 다른 직선에 대한 수선이라고 해요.

평행한 변이 '한 쌍'이라도 있는 사각형이 사다리꼴인 반면에, **평행사변형**은 마주 보는 '두 쌍'의 변이 서로 평행한 사각형을 뜻해요. **평행사변형**(平行四邊形)은 한자로 읽으면 그 뜻을 이해하기 쉬워요. 평평할 **평**(平), 갈 **행**(行), 넷 **사**(四), 가장자리 **변**(邊), 모양 **형**(形)이거든요. 그래서 평행사변형을 한자대로만 뜻풀이하면 '네 변이 평행하게 이어진 도형'이에요.

네 변의 길이가 모두 같은 사각형도 있어요. 그 사각형을 **마름모**라고 해요. 언뜻 생각하면, 마름모는 정사각형인 듯하지만, 그것은 정사각형이 될 수 있는 조건의 절반일 따름이에요. **정사각형**이 되려면 네 변의 길이가 모두 같아야 하고, 네 각도 모두 직각이어야 하니까요. 그리고 사각형 중에서 가장 흔한 모양인 **직사각형**은 네 각이 모두 직각인 사각형이에요. 그래서 직사각형은 마름모도 아니고, 정사각형도 아니에요.

하지만 그래서 직사각형은 마름모와 정사각형보다 자유로운 모양의 사각형이에요. 따라서 그 자유로움이, 직사각형이 사각형 중에서 가장 흔히 보이는 이유일 거예요. 어떤 물건을 사각형으로 만들 때, 사람들이 사각형 중에서 가장 자유로운 모양인 직사각형을 선택하는 것은 아주 자연스러운 일일 테니까요.

• 아래의 두 물음을 읽고
  스스로의 생각을 자유롭게 써 보아요.

1. '평행사변형'이 '직사각형'과 '정사각형'이 되려면 각각 어떤 조건들을 더 갖추어야 할까요?

2. '평행사변형'과 '마름모'의 같은 점과 다른 점은 무엇일까요?

8
시간에 따라 변한 크기를 보여주는 그래프

그래프의 종류는 여러 가지예요.
그 이유는 무엇일까요?
꺾은선그래프는 어떤 그래프인가요?
막대그래프는 어떤 경우를 그리면
좋은 그래프인가요?
꺾은선그래프는 어떤 경우를 그리면
좋은 그래프인가요?
막대그래프와 비교하여
꺾은선그래프에 관하여 알아보아요.

꺾은선그래프

놀이 시간 그래프

어느 날 내 마음이 하는 말에 따라
놀이 시간 그래프를 그렸어요.
하루에 얼마큼 놀았는지를
매일 1장씩 막대그래프로 그렸어요.

막대그래프의 세로에는
30분 단위를 20칸에 나누어 적었어요.
막대그래프의 가로에는
나의 놀이 종류를 적었어요.
PC 게임, 공놀이, TV 시청이었어요.

일기장 뒷면에 막대그래프를 그렸어요.
꼬박 보름 동안 막대그래프를 그리니
15장의 막대그래프가 쌓였어요.

그러고 나서 살펴보니
하루하루의 놀이 시간은 잘 알 수 있었어요.
그런데 보름 동안 내가
어느 날에 어떤 놀이를 더 많이 했는지는
알기 어려웠어요.

그래서 내 마음의 두 번째 말에 따라
놀이마다 하나씩 꺾은선그래프를
따로따로 그려 보았어요.

PC 게임, 공놀이, TV 시청이라고
각각 제목을 붙인
3장의 꺾은선그래프를 그린 거예요.

각각의 꺾은선그래프의

세로에는 1시간씩을 10칸에 나누어 적었어요.

가로에는 하루씩을 15칸에 나누어 적었어요.

그러고는 매일 밤 잠들기 전에

각각의 꺾은선그래프를 이어 그렸어요.

보름 후 꺾은선그래프를 보았어요.

3장의 꺾은선그래프에는 각각

별자리 같은 꺾은선이 그려져 있었어요.

PC 게임 꺾은선그래프에는

산봉우리 2개가 그려져 있었어요.

산봉우리들은 모두 휴일에 솟아 있었어요.

TV 시청 **꺾은선그래프**에도
산봉우리 2개가 그려져 있었어요.
마찬가지로 모두 휴일에 솟아 있었어요.

공놀이 **꺾은선그래프**에는
들판만 그려져 있었어요.
들판은 평일과 휴일이 따로 없었어요.

그때, 내 마음이 말했어요.
"내일부터는 공놀이 그래프에 산을 그리자!"

공놀이

한 학생이 학교 운동회를 보름 앞두고 매일 아침 일찍 등교해요. 그런데 교실에 들어가지 않고 운동장에서 달리기 연습을 해요. 4학년인 그 학생은 3학년 때까지 운동회에서 매번 꼴찌를 했기 때문이에요. 그래서 이번 운동회에서는 꼴찌는 면해 보려고 보름째 초시계를 들고 달리기 연습을 한 거예요. 첫째 날에는 운동장 한 바퀴를 도는 데 55초가 걸렸어요. 둘째 날도 55초가 걸렸고, 셋째 날은 51초, 열흘째에는 48초, 보름째 되는 날에는 46초가 걸렸어요. 그러고 나니 이튿날이 운동회 날이었어요.

그 학생은 자신의 달리기 기록을 매일 적어 놓았어요.

그러고는 운동회가 열리기 전날, 그 학생은 날짜별로 그래프를 그려서 달리기 기록의 변화를 확인했어요. 그 학생은 어떤 그래프를 그렸을까요? 처음에는 막대그래프를 그렸어요. 그래서 15개의 막대를 가로줄에 세워 놓듯 그래프를 그렸어요. 그랬더니 막대들의 키 차이가 고만고만했어요. 잠시 후 그 학생은 수업 시간에 배운 대로 다시 꺾은선그래프를 그렸어요. 그랬더니 그래프의 모양이 마치 완만한 내리막길 같아 보였어요.

이 가상의 이야기처럼, 그래프는 조사한 자료의 내용에 따라, 그 결과를 더 잘 나타내 주는 것을 선택하여 그려야 해요. 그래서 그래프의 종류가 여러 가지인 거예요. 앞서 이야기한 달리기 연습을 예로 삼아 막대그래프와 꺾은선그래프의 장단점을 알아볼까요? 보름 동안 열심히 달리기 연습을 한 학생이 이튿날 운동회의 달리기 경주에서는 몇 등을 했을까요? 이번에도 꼴찌를 했을까요? 그것은 알 수 없지만, 운동장을 한 바퀴 도는데, 전보다

막대그래프는 조사할 것이 여러 개가 있고 그 각각의 크기를 비교할 때 알아보기 쉬운 그래프예요.

9초나 빨리 뛰었을 거예요.

자, 운동회 달리기 경주에서 한 번에 반별로 1명씩 출전해서 6명씩 뛰었다고 가정해 보아요. 그럼 매번 1반 선수부터 6반 선수가 있었을 거예요. 그 각 반 선수들의 달리기 순위 결과를 그래프로 정리하는 것은 막대그래프로 그리는 것이 한눈에 알아보기 쉬워요. **막대그래프**는 **조사할 것이 여러 개가 있고 그 각각의 크기를 비교할 때 알아보기 쉬운 그래프**이기 때문이에요. 달리기 경주를 모두 마치고, 각 반에 1등부터 6등까지 몇 명씩 있는지를

꺾은선그래프는 조사할 대상이 시간에 따라 변화하는 정도를 어느 때부터 어느 때까지 정하여 비교할 때 알아보기 쉬운 그래프예요.

막대그래프로 그리면 그 결과가 잘 나타날 거예요. 그래서 막대그래프는 수량이 많고 적음을 비교할 때 알아보기 편리한 그래프예요.

반면에, 앞서 보름 동안 달리기 연습을 한 학생이 그 기록을 꺾은선그래프로 정리했듯이, 꺾은선그래프는 조사할 대상이 시간에 따라 변화하는 정도를 어느 때부터 어느 때까지 정하여 비교할 때 알아보기 쉬운 그래프예요. 그래서 꺾은선그래프의 조사 대상은 막대그래프처럼 여러 개가 아니어도 되어요. 막대그래프는 여러 개를 비교해야 해서 조사 대상이 최소한 두 개는 되어야 하지만, 꺾은선그래프는 조사 대상이 하나뿐이어도 그것이 시간별로 얼마큼 변화했는지를 그래프로 잘 나타낼 수 있어요.

그래서 꺾은선그래프는 통계 자료를 준비할 때 주로 사용하는 그래프예요. 통계라는 말은 어떤 현상을 종합적으로 한눈에 알아보기 쉽게끔 일정한 짜임새에 따라 숫자나 표나 그래프로 나타낸 것이에요. 폭염이 계속되면 TV 뉴스에서는 몇십 년간의 여름 기온의 통계를 꺾은선그래프로 그려서 설명해 주어요. 또 올림픽이 열리면 방송마다 주목받는 경기 종목의 기록 통계를 꺾은선그래프로 그려서 시청자들에게 알려주어요. 이렇듯 꺾은선그래프는 한 가지 대상을 시간별로 조사하여 그 변화의 정도를 나타내기에 아주 쓸모 있는 그래프예요. 그러니 독자 여러분도 앞의 동시처럼 자신의 생활 그래프를 꺾은선그래프로 나타내 볼래요?

• 아래의 두 물음을 읽고
  스스로의 생각을 자유롭게 써 보아요.

1. 꺾은선그래프로 나타내면 곤란한 운동회 결과가 있을까요? 있다면 그것은 어떤 종목일까요?

2. 꺾은선그래프를 곡선이 아닌 선분으로 그려야 하는 이유는 무엇일까요?

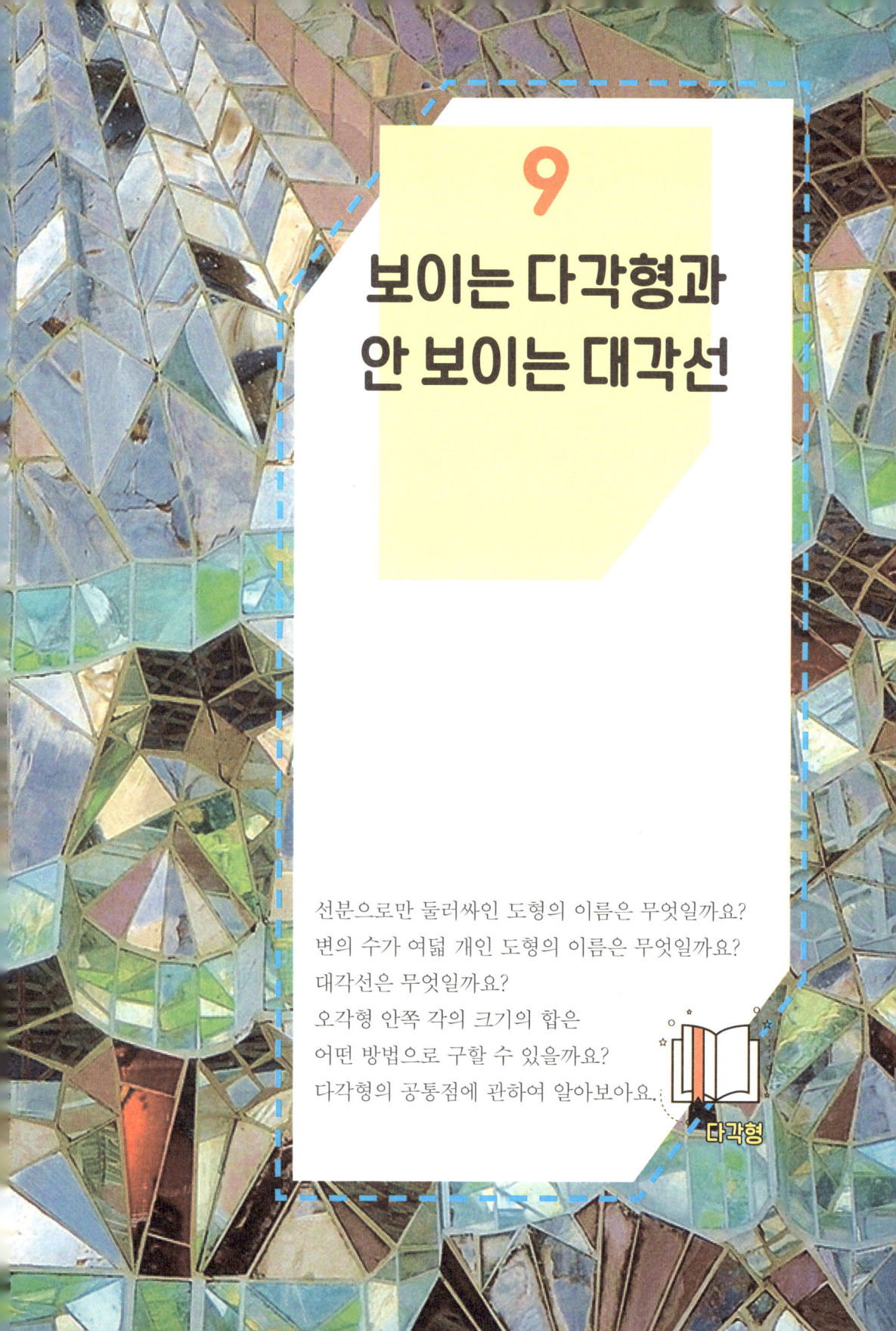

9
보이는 다각형과 안 보이는 대각선

선분으로만 둘러싸인 도형의 이름은 무엇일까요?
변의 수가 여덟 개인 도형의 이름은 무엇일까요?
대각선은 무엇일까요?
오각형 안쪽 각의 크기의 합은
어떤 방법으로 구할 수 있을까요?
다각형의 공통점에 관하여 알아보아요.

다각형

행복해진 다각형

건축물 폐기장에 깨진 타일들이 쌓였어요.
타일 조각들은 여러 모양의 다각형이었어요.
오각형과 육각형이 한마디씩 투덜댔어요.
"우리의 모양은 인기가 없어."
"사람들은 사각형만을 좋아하니까."

지나가던 건축가 할아버지가 그 얘기를 들었어요.
"얘들아, 너희 모양을 쓸모 있게 만들어 주마."
할아버지는 재활용 건축을 생각하던 중이었어요.

건축가 할아버지는 삼각형 산 아래에 집을 지었어요.
조각난 타일들을 데려와 욕실 바닥을 꾸몄어요.

집의 옆모습은 오각형이었어요.
계단 옆모습은 각과 변이 가장 많은 다각형이었어요.

서쪽을 향한 큰 창문은 모자이크 유리창이었어요.
형형색색 유리창에는 예쁜 **다각형**이 가득했어요.
모자이크 유리를 통과해 석양빛이 방문했어요.
각양각색 **다각형**들이 거실 바닥을 수놓았어요.

마당 한쪽에 지은 연못은 **정육각형**이었어요.
연못 속의 금붕어가 **대각선**으로 헤엄쳤어요.

연못 앞에는 팔각정을 지었어요.
팔각정은 이름대로 **팔각형** 정자였어요.

해가 지고 밤이 오자
건축가 할아버지는 팔각정에서 하늘을 보았어요.
까마득한 밤하늘에 수많은 별이 빛났어요.

별은 원래는 **원형**이지만

마음이 그린 그림에서는 **다각형**이에요. 그래서

☆ 모양은 우주에서 가장 많은 **다각형**이에요.

　욕실의 타일은 보통은 사각형 모양이에요. 네모난 욕실 바닥과 벽면을 타일로 채워야 할 때, 다른 모양보다 사각형을 나란히 놓을 수 있어서 네모난 면을 채우기가 더 쉽기 때문이에요. 이처럼 타일뿐만 아니라 세상 곳곳에는 사각형으로 만든 물건들이 많아요. 그래서 사각형은 다른 모양보다 우리 주변에서 더 흔히 볼 수 있어요.

　그런데도 세상에는 사각형 말고도 여러 모양이 있어요. 변의 수에 따라 이름 지어진 삼각형, 오각형, 육각형, 팔각형 등이 그것이에요. 변의 수가 3개인 삼각형은 지붕 모양도 있고요, 변의 수가 5개인 오각형은 보석 모양도 있어요. 또, 변의 수가 6개인 육각형은 벌집 모양도 있고요, 변의 수가 8개인 팔각형은 경치 좋은 곳에 지은 정자(亭子) 모양도 있어요.

그런데 이런 여러 도형에는 공통점이 있어요. 그것은 '곧은 선'으로만 이어져 있다는 것이에요. 그 공통점 때문에 이런 도형들에 이름이 생겼어요. 그 이름은 '다각형'이에요. 다각형은 선분으로만 둘러싸인 도형이에요. 선분으로만 둘러싸인 도형에는 '각'과 '변'이 있기 마련이에요. 그래서 다각형(多角形)은 한자로 많을 다(多), 뿔 각(角), 모양 형(形)이에요. 한자대로만 말뜻을 풀면, 다각형은 '여러 개의 각으로 이루어진 도형'이에요. 따라서, '굽은 선'으로 이어진 원형은 다각형이 아니에요. 마찬가지로 반달 모양도 다각형이 아니에요. 반달 모양은 반쯤은 선분이지만, 다른 반쯤은 굽은 선으로 되어 있어서 다각형의 조건이 되지 않아요.

삼각형이든, 사각형이든, 오각형이든, 육각형이든, 팔

각형이든, 다각형 중에는 변의 길이와 각의 크기가 같은 경우도 있어요. 이런 다각형을 정다각형이라고 불러요. 그래서 정삼각형, 정사각형, 정오각형, 정육각형, 정팔각형처럼 다각형이 정다각형일 때는 다각형 이름 앞머리에 바를 정(正)자를 붙여요. 이때, 접두어인 정(正)의 말뜻은 '올바르다'라는 뜻이 아니라, '서로 같다'라는 뜻이에요. 즉, 변의 길이와 각의 크기가 '서로 같다'라는 말이에요. (접두어는 '낱말 앞머리에 붙어 새로운 낱말이 되게 하는

변의 수가 6개인 육각형은 벌집 모양도 있고요. 변의 수가 8개인 팔각형은 경치 좋은 곳에 지은 정자(亭子) 모양도 있어요.

9 보이는 다각형과 안 보이는 대각선

말'이에요. 접두어[接頭語]도 한자로 읽으면 그 뜻을 이해하기 쉬워요. 이을 접[接], 머리 두[頭], 말씀 어[語]이거든요)

그런데 모든 다각형에는 눈에는 안 보이는 선분이 있어요. 그것은 눈에는 안 보이지만, 아리송하게도 눈으로만 그을 수 있는 선분이에요. 그 이름은 '대각선'이에요. 대각선(對角線)의 한자는 마주할 대(對), 뿔 각(角), 줄 선(線)이에요. 말 그대로, 대각선은 '각을 마주하고 있는 (곧은) 선'이에요. 하지만 이렇게만 표현하면 그 뜻이 분명하지 않아요. 수학의 말 표현은 분명해야 해서 더 정확하게 말해야 해요. 따라서 대각선은 '서로 이웃하지 않는 두 꼭짓점을 이은 선분'이에요. '서로 이웃하지 않는'다고요? 그래요. '서로 이웃하고 있는 두 꼭짓점을 이은 선분'은 눈에 보이는 선분인 변이니까요.

'변'의 수에 따라 모양이 정해지는 다각형 안쪽에는

모든 다각형에는 눈에는 보이지 않는 대각선이라는 선분이 있어요. 대각선은 '서로 이웃하지 않는 두 꼭짓점을 이은 선분'이에요.

'각'도 여러 개 있어요. 그런데 그 각들의 크기의 합은 다각형의 모양에 따라 달라요. 다각형 안쪽 각의 크기의 합이 얼마인지 알아볼까요? 우선, 삼각형의 세 각의 크기의 합이 180°라는 것을 앞서 2장(「'각'의 크기로 이루어진 세상」)에서 배웠어요. 그리고 사각형의 네 각의 크기의 합이 360°라는 것도 함께 배웠어요.

그럼 오각형 안쪽의 다섯 각의 크기의 합은 몇 도일까요? 그 크기는 어떤 방법으로 구할 수 있을까요? 그 방법은 이래요. 우선 오각형을 그려 보세요. 그리고 오각형

안에 대각선을 겹치지 않게 모두 그어 보세요. 대각선은 2개를 그을 수 있을 거예요. 그리고 나면 그 오각형에 삼각형 3개가 생겼을 거예요. 삼각형이 3개라는 말은 오각형 안쪽 각의 크기의 합이 180°+180°+180°와 같다는 거예요. 따라서 오각형 안쪽의 각의 크기의 합은 540°이에요.

육각형도 마찬가지 방법으로 안쪽 각의 크기의 합을 구할 수 있어요. 육각형 안에 대각선을 겹치지 않게 그으면, 육각형은 삼각형 2개와 사각형 1개가 될 수도 있고, 또는 사각형만 2개가 될 수도 있어요. 삼각형 2개와 사각형 1개가 된 경우에는 각의 크기의 합은 180°+180°+360°여서 720°이에요. 그리고 사각형만 2개가 된 경우에는 360°+360°여서 720°이에요. 결국 육각형은 대각선을 겹치지 않게 어떻게 긋든지 안쪽 각의 크기의 합은 720°이에요. 이처럼, 칠각형, 팔각형, 구각형도 이와 같은 방법으로 다각형의 안쪽 각의 크기의 합을 구할 수 있어요.

다각형은 선분이 드러나 있어서 눈에 보이고, 대각선은 꼭짓점 위치에 맞게 선분을 그어야만 눈에 보여요. 그런데 우리는 대각선을 그어야만 어떤 다각형의 안쪽 각의 크기의 합을 알 수 있어요. 그러고 보면, 수학은 눈에 보이지 않는 것을 눈에 보이게 해 주어요. 다시 말하면, 수학은 눈에 보이지 않는 것을 눈에 보이게 하여 어떤 공간에 있는 수를 알아차리게 해 주어요. 그것이 수학의 대단한 능력이에요.

• 아래의 두 물음을 읽고
  스스로의 생각을 자유롭게 써 보아요.

1. 욕실에 붙여 놓은 타일은 대개는 정사각형이에요. 간혹 정육각형도 있어요. 그런데 왜 정오각형으로만 붙여 놓은 타일은 없는 걸까요?

2. 다각형 중에서 변의 수가 가장 많은 다각형은 무엇일까요? 그리고 그 다각형은 결국 어떤 도형을 닮았을까요?

찾아보기

막대그래프 72~81, 132, 138~141
만 23, 32
밀다 60, 62
밑변 91

ㄱ

각도 45, 50~51, 64
각의 크기 46~49, 107~110,
　　　　　123~124, 154~157
경 25, 32
구골 25, 35
규칙 찾기 89, 96
꺾은선그래프 133~143
꼭짓점 43, 105, 155, 158

ㅂ

변의 길이 49, 111, 123, 154

ㅅ

사다리꼴 117, 125~126
수선 115, 125
수직 115, 125
시계 반대 방향 55, 64~65
시계 방향 55, 64~65, 67

ㄷ

다각형 147~159
대각선 148, 154~158
돌리다 60, 62
둔각 39~41, 47~48, 108~111
둔각삼각형 48, 102, 108~109
뒤집다 60, 63

ㅇ

억 24, 32
예각 39, 41, 46~50, 108~112
예각삼각형 102, 108~112
오각형 51, 147, 151~157
원형 122~123, 148, 152
육각형 147, 151~152, 157
이등변삼각형 49, 101, 107, 110,
　　　　　　113

ㅁ

마름모 118, 126~129

ㅈ

정다각형 153
정사각형 59, 119, 126~129, 154, 159
정삼각형 49, 102, 107, 110, 113, 154
정오각형 154, 159
정육각형 148, 154, 159
조 24, 30, 33
직각 39~49, 108~110, 117~119, 124~127
직각삼각형 48, 103, 111, 113

ㅋ

큰 수 23~35

ㅍ

팔각형 148, 151~152, 157
평각 39~45, 49~50
평면도형 156~167
평행 117~118, 125~126
평행사변형 118, 125, 129
평행선 117, 125
표 76

ㅎ

해 25, 32

로로로 초등 수학 4학년
동시로 생각하고, 수필로 이해하고, 문제로 논술하는

초판 발행일 2019년 12월 24일
3쇄 발행일 2023년 1월 10일
지은이 윤병무
그린이 이철형
감 수 김판수
디자인 씨디자인: 조혁준 기경란

펴낸곳 국수
등록번호 제2018-000158호
주소 경기도 고양시 일산동구 진밭로 36-124
전화 (031) 908-9293
팩스 (031) 8056-9294
전자우편 songwriter@kuksu.kr

© 윤병무, 2019, Printed in Goyangsi, Korea

ISBN 979-11-90499-00-2 74410

- 책값은 뒤표지에 쓰여 있습니다.
- 이 책의 저작권은 저자에게, 출판권은 '국수'에 있습니다.
- 이 책 내용의 전부는 물론 일부라도 재사용하려면 반드시 '국수'의 동의를 얻어야 합니다.
- 잘못 만들어진 책은 구입하신 서점에서 교환해드립니다.

이 도서의 국립중앙도서관 출판예정도서목록(CIP)은 서지정보유통지원시스템 홈페이지(http://seoji.nl.go.kr)와 국가자료공동목록시스템(http://www.nl.go.kr/kolisnet)에서 이용하실 수 있습니다. (CIP제어번호: CIP2019048059)

종이에 손을 베지 않도록 주의하세요.
책 모서리에 다칠 수 있으니 책을 던지지 마세요.